AF193132

Círculo Rojo

OVEJAS

OVEJAS

Cristina G. Madejón

Círculo Rojo
EDITORIAL

Primera edición: febrero 2024

Depósito legal: AL 77-2024

ISBN: 978-84-1061-441-3
Impresión y encuadernación: Editorial Círculo Rojo

© Del texto: Cristina Gutiérrez Madejón
© Maquetación y diseño: Equipo de Editorial Círculo Rojo
© Ilustración en cubierta: Jorge Naval. Variación sobre dos
cuadros de Franz Marc, creada expresamente para *Ovejas*.
Proceso de digitalización por Pablo Aguado.

Editorial Círculo Rojo
www.editorialcirculorojo.com
info@editorialcirculorojo.com

Impreso en España - Printed in Spain

Editorial Círculo Rojo apoya la creación artística y la protección del copyright.
Queda totalmente prohibida la reproducción, escaneo o distribución de esta obra
por cualquier medio o canal sin permiso expreso tanto de autor como de editor, bajo
la sanción establecida por la legislación.
Círculo Rojo no se hace responsable del contenido de la obra y/o de las opiniones
que el autor manifieste en ella.

El papel utilizado para imprimir este libro es 100% libre de cloro y, por tanto, **ecológico**.

Para Luisa, Javier, Adela y José.
Y para todas las infancias.

Gracias mamá.

Índice

La canción para el columpio

"A. A. A. Mi gatita mala está.
No sé si se curará o si no se morirá.
A. A. A. A. Mi gatita mala está.
E. E. E. A mí me gusta el café.
No sé si lo tomaré o si no lo dejaré.
E. E. E. E. A mí me gusta el café.
I. I. I. En un libro yo leí.
Una cosa muy bonita, que enseguida yo aprendí.
I. I. I. I. En un libro yo leí.
O. O. O. Mi hermana me lo bordó.
Un pañuelo de crespón, para la Virgen de la O.
O. O. O. O. Mi hermana me lo bordó.
U. U. U. Tengo un bastón de bambú.
Me lo trajo mi papá cuando vino de Perú.
U. U. U. U. Tengo un bastón de bambú."

"Los columpios" — Sonsoles Madejón Concejal
El Tiemblo, 1997

I

Nos mecíamos guiadas por el viento. Flotábamos a ras del suelo sin temor a caer, sin temor a nada. Aquella melodía nos protegía de cualquier peligro: serena, cálida, pausada. Habíamos oído cantar al abuelo aquella canción un centenar de veces, pero seguíamos sin cantar con él. Absortas en el vuelo y arropadas por su voz, escuchábamos.

Era un columpio para dos, pensado para nosotras. Se daba de la mano con un pequeño columpio individual, destinado para ella. Ella, que intentaba tocar con los dedos de los pies las ramas más bajas de aquel árbol que presidía el jardín. Lo cortaron hace tiempo, antes de que quitaran los columpios.

Nuestros chupetes escucharon aquella canción. Nuestra primera muñeca y el último vuelo en el columpio de dos. Nuestro primer viaje en el columpio para uno y la muñeca que dejó paso a nuevos mundos, así como el último viaje en aquel columpio que sólo se podía usar por turnos escucharon aquella canción.

Las horas de verano sonaban a él.
La abuela se sentaba cerca a pelar patatas o coser.
Realmente vigilaba para que todo estuviese bien.
A veces cuando estaba el abuelo,
y otras
porque no estaba él.

No recuerdo si nos reímos mucho o nada, si nos contamos confidencias y sueños infantiles. No sé si nos regañaron por estar demasiado tiempo allí o si finalmente nos caímos alguna vez, tampoco si nos hicimos algún chichón por pasar junto a él. O si alguna vez el abuelo no cantó la canción. Pero sí recuerdo el placer alrededor de los columpios, y cómo se empezó a caer la pintura violácea del hierro poco antes de desaparecer, o cómo las avispas colonizaron los tubos huecos que le daban estructura, alejando a todos poco a poco de aquel rincón de aventuras. Que nos vieron crecer, nos enseñaron a jugar y, finalmente, a saber decir adiós.

Cristina G. Madejón

II

Las mañanas eran para los remolones, para descansar y huir de los problemas. Eran para las legañas y las marcas en la cara dibujadas por las pegajosas sábanas. Deshacíamos el desorden de las sábanas y nos escondíamos del sol rebelde que se colaba entre las persianas. Disfrutábamos de las últimas horas con brisa. La abuela, como siempre, vigilaba.

Salíamos con cuentagotas. Según ascendía el sol por el cielo se iba llenando la mesa blanca del jardín, lugar estratégico de reuniones para todos los convites que acontecían durante el día. Creo que los botes de café soluble y la miel siguen en la misma cesta de mimbre de entonces, y las galletas Campurriana en su caja de plástico amarillo. No recuerdo una mañana en que no estuviese allí la abuela para dar los buenos días a los más madrugadores o a los que casi juntaban el desayuno con la hora de comer. Ella presidía el banquete de galletas y magdalenas desde su hamaca plegable de flores, y hacía pequeños viajes escaleras arriba para retocar el guiso del día.

Los más pequeños teníamos la suerte de encontrar un buen tazón de leche con cacao en la encimera, con ese toque tan especial que les brindan las abuelas a las cosas, "preparado con amor". No podría decir cuál fue la última mañana que lo encontré allí, la última mañana en que fuimos pequeños.

El gran madroño refrescaba la mañana alejando los primeros rayos de luz. Y dibujaba sombras en las caras marcadas por los días bajo el sol. Las hojas bailaban suavemente hasta caer indiscriminadamente sobre tazones de café, galletas o cabezas. Los pájaros se refugiaban en sus ramas, piando desde muy temprano. Más de una vez se despertó alguno malhumorado por desvelarse con el barullo de aquellos ruidosos madrugadores. El madroño, de alguna manera, nos protegía mientras atendía silencioso a esa danza familiar de cada mañana.

Y de pronto, el caos silencioso de las primeras horas era fulminado por los gritos de un claxon ansioso por llamar la atención, provocando una estampida entre los que se encontraban en pie para ir a recibir al panadero, liderada por la astuta abuela, que la mayoría de veces había colocado estratégicamente el monederito. Y el nieto más rápido, conseguía el pico calentito.

Cristina G. Madejón

III

Era los fines de semana cuando aquellas impolutas bicicletas salían a captar los primeros haces de luz, acariciando la carretera que conducía hacia parajes no demasiado lejanos a través de rutas infestadas de cuestas y hazañas que lograr. Al fin, tras eternos días de espera anárquicamente colocadas en el cuartito, se convertían en majestuosos corceles metálicos que se dejaban guiar por jinetes embuchados en sus coloridos *culottes*.

Los niños, aún envueltos en sus veraniegos camisones, admiraban aquel escuadrón de padres como si de un valiente ejército se tratase, dispuestos a conquistar los destinos más insólitos aunque les costase unas agujetas inimaginables.

Los niños, con las legañas aún en los ojos, retrasaban la salida jugueteando con las gafas de formas espaciales y los ligerísimos cascos de colores, imaginando que eran lo suficientemente mayores como para acompañarles.

Los niños, ataviados con sus ajustados bañadores de dibujos animados, corrían cuesta abajo por la rampa que conducía a la gran verja negra que separaba su mundo del vasto universo, dispuestos a recibir al pelotón a su regreso, ansiosos por conocer las aventuras y peripecias de su recorrido.

Era los fines de semana cuando correteaban por el jardín alrededor del tío, aún sudoroso y exhausto por la ruta ciclista, quien relinchaba para complacer a las más mayores, pretendiendo ahora ser él el flamante corcel que llevaría a las amazonas hasta el lugar más extraordinario de su imaginación.

IV

Las mañanas podían resultar efímeras y agotadoras y, cuando menos se esperaba, rugían las primeras tripas impacientes por degustar el origen de aquel delicioso olor que rodeaba la casa.

Pues sí, era la hora de la comida y con ella florecían todo tipo de discusiones: que si los niños debían quitarse el bañador mojado y ponerse una camiseta seca para no coger frío, por mucho que ellos no quisiesen; que si la mesa estaba más protegida del sol en la parte del césped que en la empedrada, pese a saber que la decisión última era del abuelo; que si había que llevar las chanclas puestas para ayudar a la abuela en la cocina porque aquella misma mañana se había roto un vaso, aunque fuese infinitamente más divertido corretear descalzos; que si ahora no era buena hora para que el abuelo bajase a su pequeño taller a arreglar algún bártulo que, sin duda, nadie usaría durante la comida; que si los matamoscas debían o no estar encima de la mesa; que si la abuela, por muy grande que fuese su empeño, podía o no con la cesta llena de vasos y cubertería, para siempre demostrar que sí tenía la fuerza suficiente; que quién debía bajar a por las bebidas frías porque estaba ayudando menos, tratando de convencer siempre al -sin duda- más nervioso de la casa para que desgastase energía; que si patatas normales o patatas rizadas para los mejillones del abuelo, éstos sí que indiscutibles; que si las sillas volvían a no ser suficientes porque se habían llevado a la piscina para vigilar a los niños y no se habían devuelto; que quién se sentaba dónde; que si anacardos o cortezas o todo; que si podíamos tocar ya la campana…

¡La campana!

¡La campana!

¡A comer!

¡A comer!

Todos los niños a una agarrando el blanco cordel.

V

Azul y amarillo. Recogíamos pétalos de caléndula y margaritas, alguno de las hortensias y ramas de arizónica que pronto mezclábamos con un chorro de agua de aquella serpenteante manguera amarilla. Lo mezclábamos con una cucharita, robada discretamente de la cocina de la abuela, mientras cantábamos.

'Un tallarín que se mueve por aquí, que se mueve por allá.
Todo rebozado con un poco de aceite, con un poco de sal,
te lo comes tú y sales a bailar.'

Azul y amarillo. El más pequeño estaba destinado a sufrir los experimentos más extravagantes. Esperaba paciente, casi sonriente pese a su destino fatal. Nos convertíamos en cirujanas expertas en nada, médicas licenciadas en potingues. Conseguíamos milagrosas recuperaciones gracias a un puñado de tréboles y césped reconstituyente, motivo por el que el abuelo se hubiese tirado de los pelos de su reluciente calva al ver cómo lo arrancábamos a pequeños puñados.

Azul y amarillo. El cielo nos arropaba dentro de aquel jardín, para nosotras inmenso, repleto de pensamientos añiles, lilas y ocres. Y árboles frutales. Aquel en concreto emanaba naranjas tempranas -aún de tonalidad lima- que nosotras recogíamos como si de limones se tratase. Y la abuela…entonces la abuela no vigilaba. Jamás había visto el sol de verano desperdiciar tanta

Cristina G. Madejón

fruta, ni a la abuela tan enfadada. Y mucho menos lágrimas más ahogadas que las nuestras tras escuchar "esta noche os quedáis sin cenar", la respuesta más oportuna era siempre "pues me voy con mi mamá".

Azul y amarillo. El agua era cristalina durante todo el día gracias a los obstinados esfuerzos del abuelo por pulir el fondo de aquella pequeña piscina. Éramos delfines y sirenas. Saltadores y nadadores olímpicos. Bailarines imposibles de sincronizar. Buceadores y buscadores de tesoros. Tiburones. Llevábamos manguitos y flotadores animados. Pieles rojas cubiertas de crema que se resbalaba para mezclarse con el cloro de la piscina. Con ropa y sin ella. Gafas de bucear y aletas. Y el más pequeño jugaba a ahogarse cada vez que tropezaba dentro, como si disfrutase al ver saltar al vigilante de la casa -con el periódico aún en mano y las chanclas calzadas- para sacarlo a flote de nuevo.

Azul y amarillo. El viento de la tarde susurraba en el silencio. Juegos "calladitos" para no molestar a los de la siesta. Y meriendas de pan con tomate. O con onzas de chocolate. Carreras en el coche rojo de plástico y hacia el cielo en el columpio. La vuelta ciclista frente a la tele de la habitación más fresca de la casa, que servía de dulce nana para la siesta de los adultos. La abuela pintaba montañas. Y desde la cima de su imaginación, como siempre, vigilaba.

Azul y amarillo. El sol comenzaba a despedir al jardín del abuelo, refrescando las últimas horas de la tarde. La abuela ordenaba cuidadosamente a sus nietos alrededor de la mesa de hierro que presidía la pequeña terraza de la fachada principal, de tal manera que podía ayudar a los más pequeños sin perder de vista las tareas del resto. Y allí, todos a regañadientes, rellenábamos el indiscutiblemente odiado cuadernillo de verano.

VI

Una vez por verano el abuelo bajaba en su enorme coche a su rehala de nietos a una tiendecita de la calle principal del pueblo. Allí soltaba a su jauría de niños hambrientos a la voz de "escogéis un juguete como regalo de verano". Los niños recorríamos los estantes estudiando con la mirada cada objeto que los cubría, rastreando con una concentración que habíamos sido incapaces de conseguir en todo el verano mientras intentábamos resolver las cuentas del dichoso cuadernillo de verano. Subíamos y bajábamos las escaleras tratando de multiplicar las opciones presentes, tocábamos e imaginábamos cómo sería el resto del verano si elegíamos ese objeto en concreto y mirábamos, siempre de reojo, en qué se fijaba el resto.

El abuelo esperaba paciente, él nunca ha entendido en qué consiste la prisa. Observaba a esos cazadores de juguetes y disfrutaba del baile que le ofrecíamos. Cuando todos estábamos aferrados a algún objeto más o menos útil con cara de estar satisfechos con nuestra captura, daba el alto frente a la caja, pagaba y nos volvía a subir desordenadamente al coche.

Y volvíamos a casa contemplando nuestro juguete -con Nino Bravo o Cecilia rompiendo el silencio al cantar sobre besos, flores o violetas- ansiosos por volver a nuestro pequeño jardín de juego y enseñar a la abuela nuestra presa.

VII

Era el turno de la luna
de los aspersores
y de la luz morada.

VIII

Si nos manteníamos en silencio podíamos escuchar intermitentemente a los diminutos mosquitos calcinarse al llegar a aquellas varillas luminosas de tonalidad violeta incandescente, colgadas estratégicamente de una rama del madroño por el abuelo para protegernos de las incesantes picaduras. Pero cuando nos reuníamos en aquella mesa el silencio nunca se escuchaba.

Y entre las conversaciones nocturnas se encendían las luces automáticas de las farolas, que colgaban de los muros que levantaban la casa, y saltaba el riego y…¡a la de tres! Corríamos a bailar bajo los chorros casi invisibles mientras nuestras madres, envueltas en su espanto imaginándonos a todos constipados, intentaban convencernos para que saliéramos del diluvio artificial. Y, cuando los aspersores se cansaban de escupir agua, comenzaba la carrera para ser el que más aspersores pisase y hacerlos desaparecer de nuevo bajo la tierra.

Envueltos en toallas esperábamos el momento de ayudar con la cena, llenando estratégicamente la superficie de la mesa con todo el batiburrillo de comida que la abuela había preparado. Colocábamos platos y vasos hacia abajo para evitar que se llenasen de bichos y hojas. De pronto todo era un baile de cuencos para el gazpacho, pan, tortillas de patata y un poco de queso, paté de aceitunas y anchoa, un poco de pollo que sobró el jueves, agua, el tomate que nos había regalado el vecino y un poco de pisto, la caja con embutidos y quesos, las cervezas con y sin alcohol, un poco de sopa para quien prefiera algo caliente, una tanda de croquetas que había quedado muy bien, unos trocitos de panga y esa receta que la abuela había inventado con algún sobrante de la semana.

La abuela recitaba todo lo que había en la mesa, en un obstinado esfuerzo por cerciorarse de que todos estaban al tanto de lo que podían servirse. Y, guiándose por sus cansados ojos, procedía a servir a quienes tenía a ambos lados y a ella misma, y muchas noches repartía la comida con los platos boca abajo. "¡Estaré boba!" y los niños reían.

IX

El baño de tamaño asfixiante recibía gratamente a la abuela, dispuesta a dar el espectáculo nocturno engalanada en su camisón, y a sus fieles admiradores que, como cada noche, asistían entusiasmados al evento. Se trataba de un pequeño ritual que se repetía sin variaciones, ni las necesitaba, ya que no dejaba indiferente a ninguno. Comenzaba cuando la abuela se colocaba frente al espejo ligeramente inclinada hacia delante para así facilitar la maniobra de extraer de su boca todos los dientes…¡a una! Los espectadores no daban crédito y se frotaban los ojos, confirmando en primer lugar que efectivamente no era una jugarreta de sus ya agotados ojos, para acto seguido abrir sus pequeñas bocas y tratar de imitar a la abuela. ¡Qué no! Que no había manera. Acto seguido -y no sin tener que contener la risa- la abuela preparaba el cepillo de dientes, cargándolo con la densa pasta, mientras les explicaba a los niños por qué ellos no podían. Pero cada noche volvía a repetir las mismas palabras puesto que su público dejaba de prestar atención cuando, atónito, comenzaba a observar aquel cepillado de dientes extrabucal. ¡Qué maravilla! ¿Cómo lo hará la abuela? ¿Será bruja? Y una de las niñas echaba mano a aquella especie de boca mágica que la abuela había dejado reluciente sobre el lavabo, la colocaba en la que parecía su posición correcta y…¡a la boca! Con la suerte de que la vigilante siempre tuviese un ojo alerta y a la voz de "¡pero niña!" consiguiese desviar la dentadura a tiempo de evitarlo.

Cristina G. Madejón

Cuando todos los niños al fin habían lavado sus dientes y los habían enjuagado con aquel repugnante líquido rosado -no sin rechistar y remolonear durante largos minutos- el más pequeño anunció que le dolía el estómago. ¡Vaya por Dios! Se retorcía como un pequeño gusano para exaltar lo mal que se encontraba e inundaba sus redondos ojos casi grises. Aquello era un contra-tiempo que retrasaba la hora de los cuentos, lo que no agradaba al resto. Entonces era cuando la abuela procedía a decir sus palabras mágicas "Ahora mismo te hago un poleo" provocando una tor-menta de "¡A mí también me duele la tripa, abuelita!". Y la abuela hervía agua, cogía el bote de cristal que contenía el poleo que ella misma había recogido en alguno de sus paseos, y preparaba cuatro vasitos de poleo para todos los enfermos. Y al fin, cuando todos los vasos quedaban vacíos y se inundaba la habitación rosa, llegaba el turno de los cuentos.

X

Se disponían todos anárquicamente por las camas dejando cada día un hueco diferente a la abuela, a quien le resultaba indiferente, pues contaba igual de bien los cuentos en cualquier rincón y, más importante aún, era capaz de dormirse mientras los contaba con la misma facilidad en un sitio que en otro. Una vez distribuidos hacían un pequeño coro que rezaba "¡Cuéntanos un cuento, cuéntanos un cuento!", y aquello era su perdición:

—¿Queréis que os cuente un cuento? Este es el cuento de María Sarmiento, que se fue a cagar y se la llevó el viento. ¿Quieres que te lo cuente otra vez?

—No, abuela, ese no.

—Yo no os digo ni que sí ni que no, sólo digo que este es el cuento de María Sarmiento, que se fue a cagar y se la llevó el viento. ¿Quieres que te lo cuente otra vez?

O bien:

—Esto era un rey, que tenía tres hijas, las metió en tres botijas, las tapó con pez. ¿Quieres que te lo cuente otra vez?

—Qué no, abuela, ese tampoco.

—Yo no digo ni que sí ni que no, sólo digo que esto era un rey, que tenía tres hijas, las metió en tres botijas, las tapó con pez. ¿Quieres que te lo cuente otra vez?

Teníamos más suerte el día que se decidía por este otro que decía así: Era una noche lóbrega, lóbrega, lóbrega, cuando los bandidos internaron en la selva. "Juan, cuéntanos ese cuento de miedo que tan bien sabes y tan mal dices". Juan se levanta y dice: "Era una noche lóbrega, lóbrega, lóbrega, cuando los bandidos internaron en la selva. "Juan, cuéntanos ese cuento de miedo que tan bien sabes y tan mal dices". Juan se levanta y dice: "Era una noche lóbrega, ...".

Pese a todo, los niños terminaban por convencer a la abuela para narrar alguno de los cuentos que realmente querían escuchar. Dejaban pocas veces a la segunda más mayor elegir ya que tenían bien sabido que, poco después del comienzo del primer relato, le interrumpiría quejándose "Abuela, no me puedo dormir", para caer rendida a los pocos segundos y no llegar a conocer nunca ningún final. El resto de público era más complicado y le haría gastar prácticamente todo su repertorio, por lo que consensuaban un orden y daban turno a la cuentacuentos.

"La vigilante" — Cristina G. Madejón
El Tiemblo, 2016

Los cuentos

Juan el herrero

En un país muy muy lejano vivía un hombre de profesión herrero. El herrero no quería morir y ofreció su alma al diablo si le dejaban vivir cien años más sin envejecer. El Diablo aceptó, y pasados los cien años encomendó a un diablillo que fuese a recoger el alma de aquel herrero. Pero allí estaba esperando el herrero: había fabricado unas grandes tenazas. Cuando el diablillo llamó a la puerta, el herrero abrió solamente una rendija y preguntó, "¿Qué quieres?". El diablillo le contesto:

"Vengo a por ti
puesto que el plazo ya pasó
y debes morir".

Entonces el herrero le hizo esperar, sacó las tenazas por el agujerillo, le cogió la nariz y el diablillo no se podía soltar: tan sólo podía gritar "¡Suéltame, suéltame!" hasta que, tras mucho esfuerzo, consiguió liberarse.

Cuando llegó de regreso al infierno, el Diablo le pregunto "¿¡Pero, no le traes!?" Y él contestó "Jefe, ese hombre es más diablo que nosotros, no podemos con él".

Pasaron cientos y cientos de años, por lo que el herrero ya estaba cansado de vivir y se fue a llamar a las puertas del infierno.

Le preguntaron entonces "¿Qué quieres, Juan?" y él dijo "Entrar ahí, ya no quiero vivir" y le contestaron "Vete de aquí, eres tan malo que no te queremos".

Por esta razón podemos encontrar el alma de Juan vagando por el mundo, sin ser aceptado en ningún lado: ni en el cielo por no ser bueno ni en el infierno por ser malo.

El Violinista

Érase una vez un joven que andaba por todas partes tocando su violín por unas pocas monedas de las que debía vivir. Llevaba siempre una escopeta, por lo que pudiera cazar, y un día vio una paloma volar. Le disparó pensando que con eso podría comer, pero el pájaro cayó en la finca de un Señor. Él saltó la valla para recoger su pájaro, cuando salió el dueño de la finca se lo adjudicó puesto que, según él, "ha caído en mi propiedad, con lo que el pájaro es mío". El joven, convencido de que le pertenecía, reclamó su pájaro y decidió luchar por conseguirlo.

El dueño de la finca terminó por denunciarle, acusando al muchacho de haber entrado a robar, por lo que el juez le condenó a muerte. Como último deseo antes de ser ahorcado pidió que le dejasen tocar una pieza en su violín. Se lo concedieron y, desde que sonó la primera nota todos comenzaron a bailar, resultándoles imposible resistirse a la melodía del violín. Durante horas y horas bailaron sin parar, ¡incluso se caían de agotamiento! Pero se volvían a levantar para seguir bailando.

En un acto de desesperación las autoridades decidieron que le perdonarían la vida si dejaba de tocar el violín. Así consiguió recuperar su vida, su violín, la escopeta y hasta el pájaro caído.

Colorín colorado este cuento se ha acabado.

El secreto del cuerno o Salomé

Había una niña llamada Salomé que era huérfana, con la mala suerte de que la recogieron unos ganaderos que le obligaban a trabajar muchísimo a cambio de un pobre trozo de pan para comer y dormir en el establo con los animales. Un día que la niña lloraba, al igual que muchos otros, se le acercó un toro joven y le dijo: "Salomé, no llores, tira de mi cuerno derecho y verás lo que encuentras". Tiró y en el hueco que quedaba encontró comida de mucha variedad. Así pues, todos los días comía y colocaba de nuevo el cuerno en su lugar. Los malvados amos vieron que la niña empezaba a engordar, también que estaba más contenta, y la empezaron a vigilar.

Finalmente descubrieron su secreto y quisieron aprovecharse. Entraron en el cobertizo y empezaron a tirarle del cuerno izquierdo, del que no salía nada, y antes de que tirasen del derecho el torito le dijo a Salomé: "Salomé, sube sobre mi lomo y agárrate a mis cuernos", el toro corneó a los ganaderos y salió corriendo.

Llegaron a un bosque de campanas de cobre y le dijo el toro a Salome: "Salomé, ten cuidado, no podemos tocar ninguna campanilla, porque vendrán animales feroces que nos matarán". La niña recogió su falda para no tocar ninguna, mientras el toro parecía tener ojos en las pezuñas. Llegaron a otro de campanas de plata y le hizo la misma recomendación. Pasaron también sin ningún peligro y le dijo: "Llegaremos al último, que tiene campanitas de oro, ten mucho cuidado Salomé". A pesar del cuidado que tuvieron, una ráfaga de viento le movió la falda y tocó una de las campanitas, empezaron a sonar millones de ellas con un ruido ensordecedor. Se presentaron innumerables fieras, todos a luchar contra el toro, que consiguió ahuyentarlas, aunque terminó malherido. Mientras Salomé lloraba, el torito le dijo: "Salomé, me estoy muriendo, déjame aquí y sigue andando, encontrarás un

Cristina G. Madejón

pueblo donde la gente es muy buena y te acogerán. Dentro de un año vienes justo aquí, donde habré muerto".

Pasado el año, Salomé fue a la tumba donde estaba su torito querido y se puso a llorar recordándole. Entonces se le presentó un apuesto joven y le dijo: "No llores Salomé, soy yo aquel torito, estaba encantado por una bruja y necesitaba, para volver a ser yo, que una mujer derramase lágrimas por mí". Dio una palmada y apareció un majestuoso caballo, y se fueron al pueblecito donde había vivido durante aquel año. Allí vivieron juntos y felices para siempre.

Y a las niñas les dieron con el plato en las narices.

El Zapatero

Esto era un zapatero que arreglaba los zapatos a todo el mundo, pero había uno que no pagaba nunca y se hizo pasar por muerto para que todos aquellos a quienes debía dinero le perdonasen. Esto es así porque antiguamente, cuando se moría uno, sólo se realzaba lo bueno que había hecho. Con el falso difunto todos decían "A mí me debe medio real, pero yo se lo perdono", "A mí unos céntimos, pero yo se lo perdono", y cuando le llegó el turno al zapatero dijo "Pues a mí me debe un real y no se lo perdono". Así pues, el cura le hizo pasar la noche velando al difunto, permitiéndole llevar todas sus herramientas de oficio para pasar la noche.

A media noche llegó al lugar una banda de ladrones, obligando al zapatero a esconderse rápidamente para no ser visto. Eran estos un grupo de siete, por lo que al entrar en la pequeña iglesia, y después de saquearlo todo, el capitán hizo el reparto. Fue entonces cuando uno de ellos se dio cuenta de algo "Pero mi capitán, si somos siete, ¿por qué ha hecho ocho montones?" entonces el capitán respondió "Porque el octavo es para quien dé una puñalada a ese muerto".

"¡Ayudadme, difuntos!" reclamó entonces el fingido difunto. "¡Allá vamos todos juntos!" gritó entonces el zapatero, a la vez que volcaba todas sus herramientas en el suelo. Con el estruendo consiguió hacer huir despavoridos a los ladrones, que se olvidaron hasta de lo robado.

Cuando estaban ya lo suficientemente lejos, los ladrones se detuvieron para echar a suertes quién debía volver a intentar recuperar algo de lo robado. El desafortunado fue Juan, que llegó de nuevo a la iglesia donde los dos se estaban repartiendo lo que habían pretendido llevarse los ladrones. Juan solo escuchó al zapatero decir "¡Dame mi real, dame mi real!", quien pese a estar repartiendo el botín no perdonaba la deuda. Salió de nuevo Juan corriendo hasta donde le esperaban sus compañeros. "Pero Juan, ¿no traes nada?" a lo que Juan, desesperado, contestó: "Mi capitán, ¡cuántos habrá que no tocan ni al real!".

Así el zapatero y el difunto se hicieron ricos.

Y los niños sin real os habéis quedado.

La pulsera y María

Esta es la historia de un padre y su hija María. María se colocó en casa de unos marqueses a trabajar. La querían mucho porque era muy buena, pero un día la llamó la marquesa porque le faltaba una pulsera de oro.

"En mi habitación no entra nadie más que tú y me falta la pulsera" así que María, por mucho que lloró, fue despedida. Llegó a casa llorando a contárselo a su padre. Ellos, que eran una familia muy buena, se fueron a otro pueblo porque no querían pasar la vergüenza de estar allí. Un día hubo una tormenta grandísima, tan grande que tiró el árbol que había frente al palacio de los marqueses. Cuando estaban mirando el árbol vieron una cosa que brillaba, al acercarse descubrieron que se trataba de la pulsera. El misterio se resolvió al ver que estaba en un nido de urracas, que bien es sabido lo atraídas que se sienten por los objetos que brillan. Por tanto, la marquesa dijo que había que encontrar a María como fuese para enmendar la injusticia que se había cometido.

Cuando la encontraron el padre había muerto, así que le ofrecieron volver al palacio no como sirvienta sino como una hermana de la propia marquesa.

Y así María vivió feliz.

Cristina G. Madejón

Las ovejas

Y para quien quedaba despierto,
con la voz ya cortada y los ojos cerrados,
contaba.
Una oveja,
dos ovejas,
tres ovejas,
cuatro ovejas, …
Y su voz se apagaba.
Y el pequeño gritaba,
"Abuela, meteoritos,
mejor cuenta meteoritos."